7
Lk 628.

NOTICE

SUR LES FONTAINES

D'AVALLON.

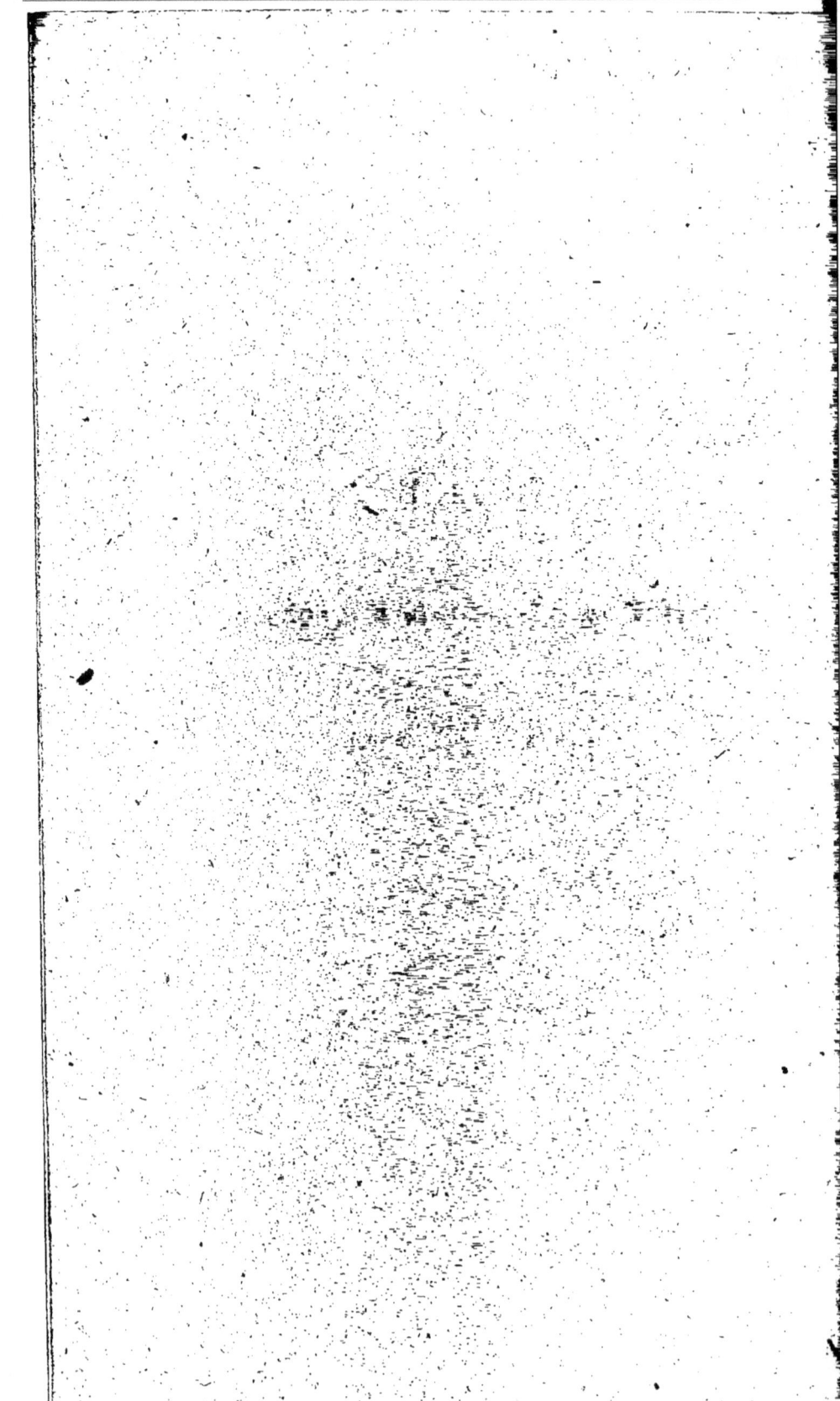

NOTICE

SUR

LES FONTAINES D'AVALLON.

PARAGRAPHE PREMIER.

Avallon, situé sur un promontoire qui domine trois vallons granitiques, étroits et profonds, n'a que des puits et des citernes. Les Avallonnais, depuis des siècles, rêvaient des fontaines jaillissantes dans leur ville; ce rêve vient enfin de se réaliser par un des plus beaux travaux hydrauliques qu'il y ait en France.

J'ai pensé qu'il serait utile de faire une notice (non pas scientifique, l'ingénieur seul doit et peut la faire) mais une notice historique sur ces fontaines; elle peut présenter de l'intérêt, non-seulement aux Avallonnais, mais à des étrangers, éveiller dans plus d'une localité des idées heureuses, exciter l'émulation et le zèle, et prémunir en même temps contre le découragement les bons citoyens qui trouveraient des obstacles à leurs projets d'utilité publique. Elle leur apprendra qu'on peut les surmonter avec une activité patiente et une volonté persévérante.

Lorsque mes concitoyens me nommèrent en 1840 membre du conseil municipal, je pris avec moi-même l'engagement de ne rien négliger pour faire venir de l'eau dans la ville.

J'examinai d'abord avec soin les projets déposés aux archives et qui avaient été faits depuis long-temps pour amener de l'eau à Avallon.

Ces projets n'étaient guères susceptibles d'être exécutés.

Les fontaines d'Annay, qu'on aurait dû acheter très-cher, pouvaient sans doute être amenées à Avallon à travers une multitude de propriétés particulières, soit en ligne droite, par un siphon continu de 105 mètres de profondeur au maximum, soit en suivant le vaste développement des coteaux de Vassy et d'Étaules, mais, dans les deux hypothèses, sans parler d'autres considérations, la dépense était excessive et bien au-dessus des ressources de la ville.

L'eau de la rivière du Cousin, bourbeuse après les pluies, chaude en été, glaciale en hiver, gâtée par les tanneries, n'aurait pu être bue qu'après un filtrage; or il est impossible, sans des dépenses très-considérables, de filtrer l'eau en grand.

Le service aurait été nécessairement incomplet et fort coûteux; l'eau ne pouvait monter qu'à l'aide de machines toujours dispendieuses et sujettes à réparation; les coups de bélier produits par leurs mouvements alternatifs, auraient ébranlé continuellement les tuyaux et nécessité des réparations fréquentes; enfin, l'eau étant souvent chargée de boue et de corps étrangers on aurait eu à craindre l'engorgement des tuyaux destinés à la distribution dans la ville.

Quant aux fontaines de Saint-Jean et des environs, dans les étés de 1840 et de 1842 elles n'avaient point ou presque point d'eau, et les 40 hectolitres par 24 heures qu'elles devaient donner d'après le projet, se réduisaient à zéro dans les étés très-secs.

Il y avait encore dans les archives des notes sur la possibilité d'amener l'eau de la fontaine du Vernet et d'une autre source près des Pannats, à l'aide d'un siphon, mais ces sources ne donnaient presque point d'eau dans les étés de 1840 et 1842.

Aucun de ces projets n'étant satisfaisant, c'était le cas de suivre le précepte divin : *Cherchez et vous trouverez.* Il n'est pas une source à huit kilomètres d'Avallon que je n'aie visitée et jaugée.

Les sources qui forment le ruisseau de Charbonnière attirèrent plus particulièrement mon attention; la plus basse, celle du Meix, donnait 54 litres par minute; la plus élevée, celle du Guignot, 72 litres, le 3 octobre 1842, après une longue sécheresse. M. Moreau, professeur de mathématiques au collége, qui, comme son père, allie la science et le mérite à la modestie et au dévouement, voulut bien faire avec moi un nivellement qui nous prouva la possibilité d'amener ces fontaines au plus haut point de la ville. Évidemment ce projet était supérieur à tous les autres, mais il n'était pas complètement satisfaisant; 180,000 litres par 24 heures, c'était beaucoup, mais pas encore assez. Le développement de la conduite aurait été de 8,000 mètres environ à travers une foule de propriétés particulières ; les tuyaux auraient dû être en fonte sur une grande partie du parcours, attendu qu'il fallait un siphon au ruisseau de Charbonnière, un autre au ruisseau de Bierry, un autre pour arriver au point culminant de la ville. Une tranchée très-profonde était nécessaire entre Bierry et Saint-Jean ; en définitive la dépense était trop forte pour les finances de la ville.

Toutes les sources qui se trouvent à l'est, au nord et au nord-ouest de la ville ne pouvant convenir, il n'y avait plus d'espoir que sur les terrains granitiques situés au-delà de la gorge profonde du Cousin.

J'avais admiré plus d'une fois les eaux limpides et toujours abondantes du ru d'Aillon. Les sources de ce petit ruisseau n'étaient-elles pas plus élevées qu'Avallon ? L'idée était à peine conçue que j'étais sur le terrain examinant attentivement. Le lendemain M. Moreau faisait avec moi le nivellement à partir de l'ancien étang Minard, desséché et mis en pré depuis long-temps ; quelques jours après M. Moreau, M. Desplaces de Charmasse et moi nous renouvelions l'épreuve du nivellement ; le résultat était le même. Le ru d'Aillon pris à l'ancien étang Minard était à neuf mètres au-dessus du point culminant d'Avallon, près de la tour de l'horloge ; la conduite ne devait exiger qu'une seule tranchée de quatre à cinq mètres de profondeur, le ruisseau débitait plus de 400,000 litres par vingt-quatre heures dans un moment où les fontaines de Saint-Jean étaient à sec.

Les sources étaient enfin trouvées ; mais l'exécution !

Les premières personnes qui connurent mon idée l'accueillirent avec défiance, avec pitié.

Un vieux paysan des Chatelaines qui nous voyait jauger le ruisseau, disait derrière nous : « Le ru d'Aillon ira bien jusqu'à la rivière, mais à Avallon, c'est autre chose ; que M. Raudot est donc bête. » Les messieurs de la ville, plus polis, avaient, en m'écoutant, un sourire qui disait la même chose. Je compris alors que l'exécution serait plus difficile que l'idée.

Il fallait d'abord être parfaitement sûr de la possibilité du succès ; traverser une gorge de plus de 80 mètres de profondeur pouvait sembler difficile. J'avais entendu parler d'un grand siphon qui amène les eaux à Phalsbourg, place forte de l'Alsace ; j'écrivis à Strasbourg à notre compatriote M. Chausson, officier supérieur d'artillerie, qui porte toujours un vif intérêt à sa ville natale. Il me donna les détails les plus précis sur ce siphon, bien plus considérable encore que celui que l'on aurait à faire à Avallon, et qui depuis 1814 fonctionnait parfaitement. Je n'eus pas alors le moindre doute sur la possibilité du succès. Restait la question de dépense.

Les sources appartenaient à M. le comte de Chastellux et d'après son caractère bien connu j'avais lieu de penser que bien loin d'en exiger le paiement, il serait heureux de les donner. La majeure partie de la conduite devait passer dans les bois de la ville. Ensuite ne devait-on pas utiliser cette admirable industrie du ciment de Vassy que j'avais eu l'occasion d'examiner dans tous ses détails? Servant à réparer et à faire les égoûts de Paris, elle pouvait à plus forte raison servir à créer des conduites d'eau inaltérables ; je fis, avec un habile ouvrier, débitant de ciment, M. Pautrat, plusieurs essais de tuyaux en ciment sur différents modèles, à la fin d'octobre 1842 : ces modèles étaient sans doute informes en comparaison de celui qui a été conçu depuis par M. Belgrand, mais ces essais suffisaient pour me démontrer que le ru d'Aillon pourrait, au moins sur une grande partie du parcours, être amené très-économiquement. En résumé, la dépense ne devait pas être excessive pour les finances de la ville.

Cependant l'idée d'amener un ruisseau à Avallon, malgré un vallon de plus de 80 mètres de profondeur, tout absurde qu'elle parut au plus grand nombre, éveillait l'attention publique et le zèle. Dans la session ordinaire de 1842, le 10 novembre, M. Andoche Febvre, maire d'Avallon, exposa au conseil municipal que l'extrême sécheresse de l'année faisait sentir la nécessité d'avoir de l'eau ; il rappela tous les projets conçus pour amener ce résultat et conclut ainsi : *Aujourd'hui* (dit le procès-verbal) *notre position n'a pas changé, elle est la même qu'en 1793 et il est urgent d'en sortir, soit en nous livrant à un nouvel examen de tous les projets présentés dont je viens de faire l'énumération, soit en cherchant d'autres moyens. Je vous propose en conséquence de déléguer des gens de l'art à l'effet de vérifier si la source de Saint-Jean est dans les mêmes conditions qu'on lui a reconnues en 1822.*

Cet exposé terminé, un membre (M. Raudot) *fait connaître qu'il s'est livré particulièrement aux recherches provoquées par M. le Maire, que ces recherches l'ont conduit à obtenir la certitude que l'eau du ru d'Aillon, prise au bas de l'étang Minard, procurerait une quantité d'eau plus que suffisante pour les besoins en général, que cette eau était d'ailleurs de première qualité, que la distance était de 4,500 mètres et que l'étude qu'il avait faite du terrain lui faisait espérer que la conduite de cette eau serait praticable, pourquoi, il demande que si le conseil nomme des délégués leurs investigations comprennent aussi le ru d'Aillon.*

Le conseil délègue immédiatement MM. Tircuit et Burlot, et le lendemain nous jaugions le ru d'Aillon, après avoir constaté que la fontaine de Saint-Jean était à sec.

Le 15 novembre M. Tircuit dit dans son rapport *que les eaux du ru d'Aillon, prises au bas de l'étang Minard, paraissent offrir un volume d'eau plus que suffisant et sont d'une excellente qualité mais que l'on ne peut se dissimuler les difficultés immenses qu'offre le terrain et qu'il faudrait vaincre pour amener les eaux dans la ville.*

Après ce rapport M. le Maire proposa *de prier M. Belgrand, ingénieur de l'arrondissement, de vouloir bien rechercher la possibilité d'amener de l'eau dans la ville soit au moyen des sources existantes dans les environs, soit en faisant monter l'eau de la rivière du Cousin et rédiger un projet de ce travail.*

M. Belgrand était heureusement un ingénieur passionné pour la science et pour son art, et un homme de dévouement; il se mit à l'œuvre et le premier juillet 1843 présenta son rapport. Avec l'autorité de la science il rejetait tous les anciens projets et adoptait le ru d'Aillon. J'éprouvai avec une vive satisfaction un sentiment plus doux, celui de la reconnaissance; sans M. Belgrand n'aurais-je pas continué à passer pour un rêveur absurde? Mais M. Belgrand ne s'était pas borné à un simple rapport, il avait fait un plan complet, des devis détaillés, et on aurait pu sur ce plan commencer immédiatement les travaux.

A cette époque, on fit les élections municipales. La population tout entière s'était émue de la possibilité de réaliser enfin le rêve de tant de générations; on nomma par acclamation, pour ainsi dire, M. Belgrand, membre du conseil municipal, on fit en quelque sorte aux élus une obligation de faire venir de l'eau. Tout le monde fut partisan des fontaines et ceux qui en voulaient et ceux qui n'en voulaient peut-être pas.

Le conseil municipal, à sa première réunion, pria M. Mary, ingénieur en chef des eaux de Paris, de donner son avis sur le projet de M. Belgrand. M. Mary en fit un juste éloge et le déclara parfaitement exécutable : il fut ensuite approuvé par le conseil général des ponts-et-chaussées.

Dans la séance du 29 décembre 1843, le conseil l'adopta définitivement.

Dans ce projet la prise d'eau devait être faite non pas à l'ancien étang Minard, mais à 800 mètres plus haut, dans l'étang des Rioux qui devait être agrandi.

Le conseil adopta ensuite un plan de M. Belgrand pour la distribution de l'eau dans la ville; le devis du premier projet s'élevait à 96,000 fr., le devis du second à 46,000, total 142,000 fr. L'autorité supérieure engagea le conseil à faire connaître ses moyens d'exécution.

Comment trouver 142,000 fr.? La ville avait déjà 117,000 fr. de dettes, et 50,000 fr. seulement devaient être payés par la coupe du Bois-Dieu, formant une partie de la réserve; le reste n'était bon à couper que dans plusieurs années.

Voici comment on arriva aux moyens d'exécution.

La ville avait une rente de 885 fr. sur l'état, on proposa de la vendre. Au taux de la rente elle ne rapportait pas quatre pour cent et elle éviterait un intérêt de cinq à payer.

Je proposai de vendre 35 parcelles de terrains communaux à-peu-près toutes complètement inutiles. (On crut les estimer très-cher à 14,822 fr. 64 c., elles se sont vendues 17,895 fr.)

Mais il fallait encore trouver une ressource de plus de 100,000 fr. M. Gally, avec l'autorité de sa longue expérience, proposa de vendre annuellement pendant cinq ans deux coupes ordinaires des bois de la ville de manière à trouver une recette extraordinaire de 100 et quelques mille francs; pendant le reste de la révolution les bois seraient coupés à vingt ans au lieu de ving-cinq. On trouverait ainsi l'argent nécessaire à la grande œuvre des fontaines. Mais par cette opération quel déficit annuel la ville devrait-elle éprouver? Tous les bois qui entourent ceux de la ville et qui sont de la même nature se coupent de vingt à vingt-deux ans et ils s'étaient toujours vendus très-peu au-dessous de ceux de la ville coupés à vingt-cinq ans. M. Belgrand et moi nous compulsâmes les ventes authentiques des bois de Marrault, du

Boussadon, de l'Hâte-au-Vert, de la Grange-du-Bois ; ces ventes prouvèrent que le revenu des bois de la ville, coupés à vingt ans, ne devait pas même diminuer d'un neuvième.

Mais il fallait toujours pourvoir au déficit de ce neuvième et de la rente de 885 fr.

Il était indispensable d'assainir le cimetière et en même temps d'y établir l'ordre nécessaire. Le conseil adopta un plan parfait de M. Belgrand, et la ville fait maintenant des concessions qui lui procurent un revenu annuel de 800 fr. environ.

La loi sur la chasse, qui attribue aux communes les deux cinquièmes de l'impôt du port d'armes devait augmenter les recettes de 7 à 800 fr.

J'avais proposé depuis long-temps de mettre en valeur ces vastes terrains communaux qui s'étendent entre le Bois-Dieu et le chemin de la Goulotte. N'était-il pas barbare de conserver des landes à la porte d'une ville de cinq mille ames. Le conseil avait bien voulu permettre un essai qui prouva qu'on pouvait louer des chaumes réputées improductives jusqu'à 54 fr. l'hectare estimé au cadastre 50 centimes de revenu annuel. On résolut de continuer les locations, et aujourd'hui la ville loue 1288 fr. 12 c. des terrains qui ne lui rapportaient rien et qui ne servaient qu'à un habitant sur cent. Il est vrai que pour les parties les plus difficiles à louer je me suis rendu adjudicataire de 22 hectares. Toujours est-il que la ville a augmenté ses revenus et créé une richesse qui n'existait pas.

Enfin, on avait lieu d'espérer que des concessions d'eau augmenteraient les recettes de la ville lorsque le travail des fontaines serait terminé.

De sorte qu'en définitive Avallon, grâce à ces mesures, trouvait les ressources nécessaires pour compléter le grand travail des fontaines sans emprunter un sou, et sans nuire à aucun service ni dans le présent ni dans l'avenir.

Mais l'administration forestière s'opposa de la manière la plus formelle au changement d'aménagement proposé. Malgré les réclamations, les raisonnements du conseil municipal, les années se passaient et l'on n'obtenait rien.

Les pièces restaient dans les cartons du ministère lorsqu'il fallut, au mois de mars 1846, nommer un député en remplacement de M. Dupin. L'élection ne fut terminée que le qua-

trième jour, et M. Garnier, le nouveau député, s'occupa immédiatement d'obtenir une autorisation qui devait satisfaire les amis du bien public. Les élections devaient recommencer dans quelques mois. Rendre des services publics est certes la meilleure manière d'accroître le nombre de ses partisans, et si c'était la seule la France serait plus grande et plus heureuse.

N'est-ce pas ici le cas de reconnaître l'avantage des institutions libres. S'il n'y avait pas eu d'élections ni municipales ni politiques, jamais les fontaines ne se seraient faites ; on aurait langui dans l'apathie habituelle.

A la fin de 1846, la crise des subsistances fit sentir la nécessité de donner de l'ouvrage aux ouvriers, et quel travail méritait plus d'être exécuté que celui des fontaines? Le nouveau maire, M. Soisson, jeune et actif, partagea cette idée, et l'on se mit bientôt à l'œuvre.

Le conseil municipal, sur la proposition de M. Belgrand, décida qu'il serait fait trois entreprises séparées et par concessions directes, 1° fourniture des tuyaux de fonte destinés au siphon ; 2° posage et scellement de ces tuyaux ; 3° travaux de terrassement, tuyaux en ciment ainsi que construction du réservoir et de la passerelle sur la rivière du Cousin. MM. Garnier et Gariel furent les concessionnaires de la dernière partie.

Les travaux vont donc enfin commencer.

Mais prendra-t-on l'eau à l'étang des Rioux ?

Les jaugeages faits en 1846, année remarquablement sèche, démontrèrent que les sources de l'étang Minard sont les plus abondantes de tout le vallon et qu'en faisant la prise d'eau à l'étang des Rioux on laisserait couler inutilement à la rivière la moitié du ru d'Aillon.

La conduite commença exactement dans l'endroit que j'avais désigné au conseil municipal en 1842.

Quant à la question de savoir si l'on ferait venir de l'eau d'étang, elle fut réservée. Avec un étang on avait l'avantage d'une très-large distribution d'eau, toujours uniforme et toujours assurée : mais d'un autre côté l'eau d'étang ne serait pas potable en été, ou on ne la croirait pas potable, dès-lors on n'atteindrait qu'une partie du but, la ville n'obtiendrait que très-peu ou point de concessions, et on manquerait l'occasion de donner aux habitants de l'eau d'une qualité supérieure incontestable, et d'accroître les revenus de la ville. Cependant si les eaux des sources, même en comprenant celles du pré Minard, sont reconnues insuffisantes dans les grandes sécheresses, comment suppléer à cette insuffisance sans une retenue d'eau, sans un étang? A cette grave objection on répondait que les sources prises en terre par des tranchées profondes donneraient probablement beaucoup plus que dans l'état actuel; et, dans tous les cas, si l'expérience prouvait l'insuffisance des sources du ru d'Aillon, il serait facile d'en amener d'autres. Bien des jours furent passés à chercher, à jauger toutes les sources que la disposition du sol ou le nivellement indiquaient comme pouvant être amenées dans la conduite du ru d'Aillon; je les ferai connaître plus bas.

C'est pendant ces jaugeages et ces reconnaissances que la crainte des incendies ne laissait ni repos ni trève aux populations rurales; l'on vint m'avertir que mes courses étaient suspectes, on m'accusait de porter à manger aux incendiaires dans les bois, les têtes étaient très-montées, je pourrais recevoir un coup de fusil si je continuais ces courses. J'avais contre moi une preuve accablante, on avait trouvé des débris de mes déjeûners à la fontaine, je nourrissais les incenciaires avec du pain blanc et des poulets, quelle horreur! Il est vrai qu'on m'avait fait l'honneur de me mettre en fort bonne compagnie; les hommes les plus honorables, les meilleurs citoyens étaient désignés aussi comme excitant et nourrissant les incendiaires, comme les plus vils scélérats. Il me répugnait de croire que dans le siècle des lumières il y eut des hommes assez lâches et assez méchants pour répandre de pareilles calomnies, et d'autres assez niais pour y croire, et je continuai à chercher les sources qui pouvaient se rendre à Avallon.

Les travaux commencèrent enfin au printemps de 1847. M. Belgrand qui avait fait les plans gratuitement, voulut bien encore présider gratuitement à l'exécution; sous son active, habile et économe direction, secondée par le zèle de l'administration municipale, toutes les parties de cette grande œuvre marchèrent avec ensemble et rapidité.

Les curieux purent admirer alors les plans de l'ingénieur, la passerelle, le réservoir, le siphon et surtout la conduite en beton de ciment : c'est un tuyau continu qui durcira avec les années, qui ne permettra jamais aux racines de le pénétrer, qui n'exigera aucune réparation et dans mille années sera plus solide qu'aujourd'hui même. Cette conduite de 30 centimètres de largeur sur 30 centimètres de hauteur qui peut débiter environ 1,800,000 litres par 24 heures, malgré une pente presque insensible (à-peu-près un tiers de millimètre par mètre) ne coûte que 6 fr. et quelques centimes le mètre courant. Cet exemple mémorable de l'application du ciment aux conduites d'eau trouvera des imitateurs dans plus d'une commune où l'excès de la dépense seul empêchait souvent l'exécution de grands travaux hydrauliques et donnera une impulsion nouvelle à la belle manufacture de Vassy.

Dans les premiers jours de décembre, après sept mois de travaux, l'eau s'élevait à 7 mètres au-dessus du sol près de la tour de l'horloge, exactement à la même hauteur qu'à l'entrée du siphon. Au niveau du sol, la conduite, dont les tuyaux de fonte ont 162 millimètres de diamètre, débitait plus de quatorze cent mille litres par 24 heures, et chose merveilleuse, et qui seule attesterait le mérite de l'ingénieur, le chiffre total des devis n'avait pas été dépassé. Ce fut un jour de fête pour Avallon, il n'y eut plus d'incrédules, plus d'opposants, je soupçonne même que tout le monde avait proposé le ru d'Aillon, que personne n'avait jamais douté du succès (1).

---

(1) Après le travail la récompense. (Procès-verbal de la séance du conseil municipal du 23 décembre 1847.)

« Un membre propose de voter des remerciements à M. Belgrand.

« M. le Maire, en appuyant la proposition de ce membre, qui est dans la pensée de tous, à l'égard de M. Belgrand, dont le zèle éclairé et persévérant a puissamment contribué à la réalisation d'un travail, objet des vœux de la ville d'Avallon et de la sollicitude de ses administrateurs depuis près d'un siècle, ajoute qu'il serait convenable qu'après le complet achèvement des travaux de la fontaine, la ville offrît à titre de souvenir, à M. Belgrand, un gage digne du désintéressement avec lequel il a fait le projet de la fontaine et en a dirigé les travaux.

« M. le Maire signale aussi à l'attention du conseil MM. Gariel et Garnier, entrepreneurs principaux des travaux dont la prompte et bonne exécution a été remarquée par la population et les nombreux étrangers qui ont visité les ateliers. Il rappelle au conseil les termes de la soumission

PARAGRAPHE SECOND.

Le conseil municipal, dans la séance du 30 décembre 1847, vient d'adopter les plans de M. Belgrand pour la distribution des eaux dans la ville et pour terminer la tranchée qui doit prendre toutes les sources supérieures du ru d'Aillon.

de ces Messieurs qui ont fait l'offre d'abandonner aux pauvres de la ville une partie notable des bénéfices qu'ils pourraient faire sur leur entreprise, offre que l'événement ne leur permet plus de réaliser au rapport de M. Belgrand.

« Il rappelle encore au conseil que ces Messieurs, en apprenant que la ville n'avait point vendu les coupes de bois dont le produit était affecté aux travaux de la fontaine, n'avaient point hésité a accorder terme et délai pour payer le prix de leur entreprise, qui est aujourd'hui achevée sans qu'ils aient reçu aucune somme de la ville.

« M. le Maire recommande aussi à la bienveillante sollicitude du conseil, M. Charles Garnuchot, conducteur des travaux soumissionnés par MM. Gariel et Garnier, dont la surveillance intelligente et assidue a été appréciée par M. Belgrand.

« Enfin, M. le Maire croit de son devoir de faire connaître au conseil la conduite de MM. de Chastellux et Henri Houdaille, qui, ne se bornant pas à abandonner gratuitement le terrain leur appartenant où ont été posés les conduits de la fontaine, ont laissé établir chez eux, à perpétuité et sans indemnité, une servitude au profit de la ville.

« Le conseil, s'associant aux sentiments qui viennent d'être exprimés par M. le Maire,

« Vote des remerciements à M. Belgrand, en se réservant de lui offrir, après le complet achèvement des travaux, un gage comme souvenir de la reconnaissance de la ville d'Avallon.

« Il vote aussi des remerciements à MM. Gariel et Garnier, Charles Garnuchot, de Chastellux et Henri Houdaille. »

Grâce à la générosité de MM. de Chastellux et Houdaille, la ville n'a eu à payer que quelques centaines de francs d'indemnités.

Après les remerciements au conducteur, si méritant du reste, des entrepreneurs principaux, on avait proposé de faire quelque mention de M. Calandeau, entrepreneur de la partie la plus délicate de ce grand travail. Il

Ainsi dans quelques mois notre ville jouira d'une large distribution d'eau et uniquement d'eau de sources.

On ne se fait pas peut-être une idée complète des avantages de cette grande mesure.

Non-seulement cette eau servira à tous les usages des ménages, mais sera la meilleure que l'on puisse boire. MM. Thierry et Thorel, pharmaciens à Avallon, qui en ont fait l'analyse, ont reconnu qu'elle était d'une pureté admirable. Quatorze bornes-fontaines donneront de l'eau gratuitement dans les différents quartiers

On n'avait jamais pu établir un abattoir, si utile à la propreté et à la salubrité publique, parce qu'il n'y avait point d'eau à Avallon et que la rivière était trop éloignée. Grâce aux fontaines, un abattoir est possible et vient d'être voté en principe par le conseil.

Les rues étaient souvent sales, des bouches d'arrosage placées aux points culminants des rues les laveront à volonté.

En cas d'incendie on pourra adapter à ces bouches et aux bornes-fontaines des tuyaux de pompe.

Les abreuvoirs, les lavoirs sont trop éloignés, on en fera dans l'intérieur de la ville.

Des bains à bon marché serviront à l'agrément et à l'hygiène publics; ils seront à la portée du riche et du pauvre.

Chaque particulier pourra avoir dans sa maison, au premier étage comme au rez-de-chaussée, de l'eau à volonté. La ville est entourée de jardins dont la plupart, suspendus sur des côteaux abruptes, sont brûlés par le soleil d'été; avec une concession d'eau peu coûteuse pour chacun, ces jardins arrosés doubleront de valeur et d'agrément.

Avallon, qui perd chaque jour son commerce d'entrepôt, qui voit sa grande route à-peu-près déserte, doit chercher au moins à attirer les étrangers, séduits déjà par les sites admirables qui l'entourent. Les fontaines rendront le séjour d'Avallon plus agréable encore. Sous ce rapport la petite vanité patriotique

---

avait placé et scellé les tuyaux du siphon avec une promptitude, un soin extrêmes, *remarqués* aussi *par la population et les nombreux étrangers qui ont visité les ateliers*. Mettant à l'ordre du jour l'officier de l'industrie, il eut été peut-être bien de ne pas oublier le soldat qui avait aussi fait ses preuves.

qui ferait construire, dès que les finances de la ville le permettront, de jolies fontaines sur les places publiques, et en face de l'hôpital un jet d'eau qui serait aussi beau que la plupart de ceux de Paris, ne serait pas inutile peut-être à la prospérité de la ville.

Mais pour tous ces beaux projets y a-t-il assez d'eau et n'est-ce pas l'histoire de Perrette et du Pot au lait?

D'après l'expérience de l'année extrêmement sèche de 1846, le ru d'Aillon, qui débite en temps ordinaire plus d'un million de litres et souvent bien davantage par 24 heures, n'est pas descendu au-dessous de 112,000 litres par la plus grande sécheresse des plus longs jours, alors que ce ruisseau, exposé à l'air, alimentant un étang dont l'eau s'étalait au soleil, était diminué par l'évaporation et par l'absorption de la terre altérée et des plantes en pleine sève; et l'on n'avait ce minimum de 112,000 litres que pendant bien peu de temps, car la moindre pluie, un fort brouillard même, faisait à l'instant augmenter le débit considérablement. Toutes les sources attirées dans une tranchée profonde et couverte, préservées de l'évaporation et de l'absorption, arriveront entières à Avallon et donneront probablement plus du double. L'expérience de la tranchée faite en 1847, dans l'ancien étang Minard, a déjà démontré que cette espérance est fondée.

Mais si l'eau est insuffisante pour le lavage des rues et les concessions on pourra facilement en doubler au moins la quantité.

La première idée était d'aller chercher une à une les sources supérieures à la conduite du ru d'Aillon (1).

---

(1) Voici l'indication de ces sources avec leur débit dans les grandes sécheresses.

1° La source située près des ruines romaines des Chagnats dans la partie supérieure du vallon du ru d'Aillon, donnant 20,000 litres; longueur de conduite à faire 1,500 mètres environ.

2° La source du Mouillat, située au dessus de l'étang des Lames, dans la corne du bois de M. de Chastellux, donnant 12,000 litres. Quoi qu'elle soit sur le versant du bassin d'Island elle peut être amenée dans la conduite du ru d'Aillon, la différence de niveau est de 3 mètres 83 millimètres. Il faudrait une tranchée de 6 mètres; longueur de conduite 3,300 mètres.

— 14 —

Mais, pour amener toutes ces sources, il faudrait dépenser beaucoup trop d'argent et il y a une solution du problème infiniment supérieure.

Dans les terrains granitiques, généralement imperméables, l'eau ne disparait pas dans les entrailles de la terre; l'importance des cours d'eau augmente avec la grandeur du bassin qui les alimente. Ce qui explique le débit considérable du ru d'Aillon c'est que l'ancien étang Minard reçoit nécessairement l'eau (non évaporée ou absorbée) du bassin supérieur qui a plus de 500 hectares d'étendue. N'y avait-il pas de nouveaux rus d'Aillon susceptibles d'être amenés dans la conduite? Après un examen attentif du bassin du ruisseau de Montmain je compris que l'eau des différents petits vallons qui forme ce ruisseau devait être prise non pas en détail mais en masse. Il y avait deux objections; le vallon de Montmain paraissait bien profond et si, pour retrouver le niveau de la conduite du ru d'Aillon il fallait remonter trop haut, jusqu'à l'endroit où toutes les petites gorges ne se sont pas réunies en une seule, le développement des tuyaux serait trop considérable et la dépense excessive. Ensuite, vis-à-vis les Châtelaines, le ruisseau de Montmain tarit; en était-il de

3° La source du pré Masson, située bien au-dessus de celle du Mouillat, dans le même bassin, et donnant 20,000 litres; longueur de conduite 1,700 mètres.

4° La source de Montmardelin, près du chemin de Montmardelin à la route, donnant 20,000 litres; longueur de conduite 4,500 mètres.

5° La source des Grosses-Mouilles, dans les bois de la ville, donnant 5,000 litres; longueur de conduite 1,500 mètres.

6° La source de la Gorgette, dans le bois de M. Henri Baudot, donnant 20,000 litres, mais cette source étant au-dessous de celle du Chenauvert pourrait être accrue par ses infiltrations; longueur de conduite 2,500 mètres.

7° La source du Chenauvert, dans le bois de M. Préjan, donnant 20,000 litres; longueur de conduite 500 mètres.

8° La fontaine du Vernet, qui exigerait 500 mètres de tuyaux pour rejoindre la conduite de la Gorgette ne coulait plus en 1846.

Quant à la fontaine du Meix elle n'existe plus en été. En voulant l'améliorer, on l'a fait disparaître et on a dépensé plusieurs mille francs pour cette œuvre malheureuse.

même à l'endroit où le niveau de la conduite du ru d'Aillon indiquerait la prise d'eau de Montmain ?

Je fis, le 31 avril 1847, le nivellement depuis la conduite du ru d'Aillon, près de l'endroit où l'on fabriquait les tuyaux de ciment, jusqu'à ce que j'eusse trouvé le même niveau sur le ruisseau de Montmain ; j'eus la joie de reconnaître qu'il fallait remonter beaucoup moins haut que je ne le craignais, que ce ruisseau, pris à 500 mètres au-dessus des bois de la ville, dans le Maucrot, appartenant à M. le comte de Chastellux, se rendrait dans la conduite du ru d'Aillon en n'exigeant que 2,500 mètres de tuyaux et une seule tranchée peu longue de 6 mètres de profondeur.

Mais là où serait la prise d'eau, le ruisseau de Montmain tarissait-il ? Tous les gens du pays affirment qu'il ne tarit jamais dans cet endroit, quoiqu'il tarisse plus bas, et je vérifiai en effet, le 12 octobre 1847 notamment, que le ruisseau donnait, à la limite des bois de la ville, 100,000 litres et que, à 600 mètres plus haut, il en donnait 180,000. M. Garnuchot était présent à cette expérience. Le ruisseau pris avant la faille du terrain, peut être amené à Avallon ; son débit, dans les grandes sécheresses, devra être au moins égal à celui du ru d'Aillon, si l'on a soin de faire au-dessus de la prise d'eau une tranchée profonde dans le bois du Maucrot pour attirer les sources ; le bassin supérieur est encore plus considérable que celui du ru d'Aillon et renferme au moins 800 hectares.

Quant à la dépense, elle ne peut pas excéder 25,000 francs.

Si cette énorme addition d'eau ne suffisait pas, on pourrait amener encore dans l'aqueduc du ruisseau de Montmain le ruisseau de la Grenetière, pris le plus bas possible, et dont la conduite s'enrichirait, en passant, des 5,000 litres du petit ruisseau des Grosses-Mouilles. Mais cette conduite me semble superflue.

Avec le ruisseau de Montmain, réuni au ru d'Aillon, Avallon peut avoir, pendant la plus grande partie de l'année, plus de quatorze cent mille litres par 24 heures, et dans les plus extrêmes sécheresses cinq à six cent mille au moins, c'est-à-dire la plus magnifique distribution d'eau de première qualité, propre à tous les usages, qu'il y ait peut-être parmi les villes de France, proportion gardée avec la population.

Une seule chose est à regretter, c'est que cette eau après avoir servi à tant d'usages, n'aille pas en sortant de la ville porter la fertilité dans les campagnes voisines. Si les terrains communaux du Bois-Dieu étaient au-dessous de la ville au lieu d'être au-dessus, elle regagnerait promptement l'argent qu'elle va dépenser pour ses fontaines, tout en donnant un mémorable exemple des prodiges de l'irrigation. Mais malheureusement il n'en est pas ainsi, Avallon est entouré de gorges trop profondes, cette eau se perdra inutile dans la rivière; néanmoins si l'esprit d'association existait dans notre pays, il serait possible de faire quelque chose.

Quoiqu'il en soit, par un concours admirable d'efforts et de dévouements, voilà une magnifique entreprise, la gloire de notre ville, à peu-près terminée. Il faut espérer que l'exemple du chef-lieu produira un effet salutaire sur le reste de l'arrondissement. Si le mal est contagieux, le bien l'est aussi. Il n'est pas une commune où l'on ne puisse faire des améliorations considérables, soit pour la sécurité, le bien être, l'agrément de la population, soit pour accroître la richesse générale, et ces améliorations seraient faciles avec du zèle et de la persévérance. Mais trop souvent les hommes qui devraient tendre au même but, parce qu'ils sont faits pour s'estimer réciproquement, se frappent d'impuissance les uns les autres par des disputes stériles et des jalousies mesquines; le pays a besoin cependant de tous ses hommes de cœur, d'intelligence et de dévouement; il serait temps de ne se permettre que les rivalités généreuses et fécondes que doit faire naître l'amour du bien public; notre pays deviendrait plus riche, plus beau, plus doux à habiter et ses populations plus heureuses.

RAUDOT,

Membre du Conseil général de l'Yonne.

Janvier 1848.

Avallon, Imprimerie de Herlobig.

www.ingramcontent.com/pod-product-compliance
Lightning Source LLC
Chambersburg PA
CBHW070525050426
42451CB00013B/2858